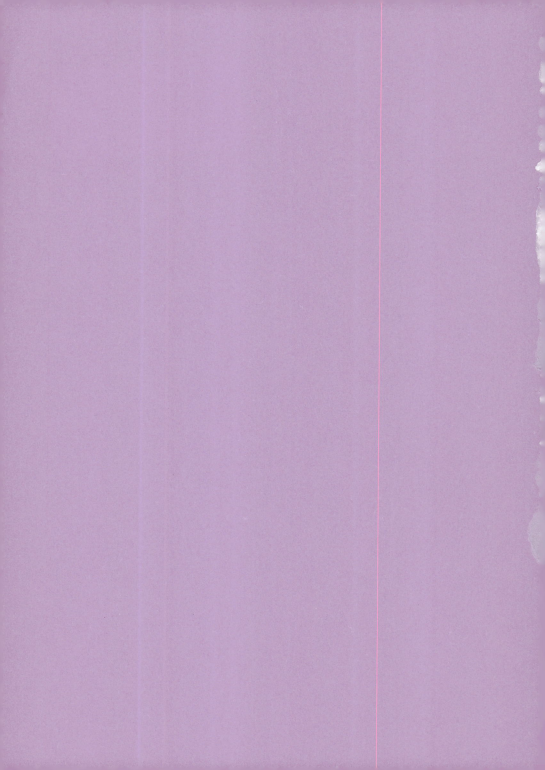

思わず解きたくなる 脳のための毎日テスト

- 文字並び替え
- 穴あきしりとり
- 文字探し
- 対称画

《デイサービスたまや》

自由国民社

はじめに

脳を鍛えるって面白い！
出来そうで出来ないから面白い！

　高齢者の方に進んで脳トレをしていただけるような問題を作りました。

　今日、さまざまな脳トレドリルがでています。
　私たちの施設「デイサービスたまや」でも、どうしてもできてしまうデイの空き時間に、利用者様が楽しめる事はないかと考えて、脳トレ問題のプリントをお渡ししていました。
　しかし、その問題の多くは、認知症を考慮し過ぎて簡単過ぎるものばかりでした。
　また、漢字や計算などの脳トレは、「戦後、まともな教育を受けていないから、難しいことはしたくない」と、たとえ簡単な問題であっても気が進まない方もおいででした。
　そもそも、脳トレ自体好きではない方もいらっしゃいます。

　どんな方でも楽しんでできる脳トレはないか……と考え、たどりついたのは、カタカナを並び替える「文字並べ替え問題」だったのです。

これなら、簡単な読み書きができれば誰でもできます。
　並び替えられた言葉を見るだけで、なんとなく答えを推測できる為、自然と「解いてみようか」という気持ちになるようです。
　実際、どの脳トレ問題より、文字並び替え問題は好評でした。

　しかし、またここで新たな問題が生じました。困ったことに、高齢者向けに作られているはずの文字並び替え問題の中には、高齢者が知らなかったり、馴染みのない言葉が出題されていたりして、頑張って問題を解こうとする気持ちを削いでしまうことがあったのです。問題製作者の目線がちょっと違っていたのです。

　ならば、「私たち現場の介護職員の知識を生かして、より、高齢者の立場に基づいた脳トレを作ればいいのでは。どの脳トレ本よりも喜んでもらえるのでは」と考え、作成したのがこの本の問題のプリントです。
　取り組んでいただいた利用者様の反応は良く、問題を解くことに喜びを感じておられるようでした。
　レイアウトも見やすく、問題の説明もいらないほど簡単な作りなので、問題を解こうとする意欲がとても強くわくのか、どんな方にも取り組んでいただけました。
　今やすっかりこのプリントが定着し、進んで問題に取り組んでくださる方が多いのです。
　最初は３文字の文字並び替え問題を悩みながら解かれていた方が、７文字まで解かれるようになりました。

それも、ご利用者様の立場になって作った問題であったからと思います。

　また、このプリントをしない期間があると、時系列がおかしくなる方もおられ、脳トレの重要性を知らされます。
　今、求められているのは、誰にでもできて、尚且つ、勉強ではなくゲーム感覚で遊べる楽しい脳トレだと思います。
　本書が皆様のお役に立てればと願っております。

　また、より個人の好みに合わせて問題が作れるよう、空欄のページをご用意しております。
　遊び心満載の職員は、利用者さまのご主人さんや息子さん、娘さんのお名前、好きな女優さんのお名前などを出題しております。そこからまた新たに話題が広がっていくので、それも一つの楽しみです。
　皆さまの想像力を駆使して、面白い問題を作ってみてください。

　認知症予防として、脳の活性化を図るとともに、利用者様同士のコミュニケーション、また、職員とのコミュニケーション、そして、どの世代でも楽しめるかと思いますので、ご家族とのコミュニケーション等のツールとして本書をお役に立てていただけたらと思っています。

目 次

1 文字並び替え問題

① 3文字を並べ替えましょう……………………………… **13**
　　解答……………………………………………………… **24**
② 4文字を並べ替えましょう……………………………… **27**
　　解答……………………………………………………… **38**
③ 5文字を並べ替えましょう……………………………… **41**
　　解答……………………………………………………… **52**
④ 6文字を並べ替えましょう（ヒント付きの問題あり）… **55**
　　解答……………………………………………………… **70**
⑤ 7文字を並べ替えましょう（ヒント付きの問題あり）… **73**
　　解答……………………………………………………… **88**

2 穴あきしりとりをしましょう…………………… **91**
　　解答………………………………………………………**102**

3 意味のある言葉を探しましょう……………**105**
　　解答………………………………………………………**114**

4 線対称の絵を描いてみましょう……………**117**

5 問題を作ってみましょう………………………**125**

本書の使い方

　本書に掲載している問題を簡単にご説明いたします。

1 文字を並べ替えましょう……………13ページ

　並んでいる文字を並び替えると、意味のある言葉になります。その言葉を探しあてる問題です。

　文字数は、3文字・4文字・5文字・6文字・7文字の問題を用意しました。

　2〜4文字問題は、どなたにも簡単に取り組んでいただけるでしょうが、6文字・7文字となりますと、難易度が高くなります。

　6文字・7文字の問題の4ページ分には、問題ページの次のページにヒントをつけました。私たちの施設では、職員が口頭でヒントを出していますが、ひとりで問題に取り組まれる方は、ヒントを見ながら取り組むこともできます。

　ヒントがなくても解ける問題がある方は、ぜひ **64〜69** ページ、**82〜87** ページのヒントなしの問題にもチャレンジしてください。

2 穴あきしりとりをしましょう………91ページ

　「穴あきしりとり」は、文字並び替え問題に慣れた方に向けた、少し難易度を上げた問題です。
　「こぶた」→「たぬき」→「きつね」→「ねずみ」のように、3文字の言葉だけでしりとりをしていきます。
　しりとりの答えは1つとは限りません。解答は1つの例を示しているに過ぎません。「こぶた→◎◎◎→きつね」の問題で、「◎◎◎」の言葉を、「たぬき」を思い浮かべる方もいれば、「たいき」を思い浮かべる方、「たすき」を思い浮かべる方もいらっしゃると思います。なじみのある言葉、思いついた言葉でどんどん答えてください。
　上から下への穴あきしりとりの最後には、上から下、左から右、下から上、左から右、そして上から下の順に解いていく問題を作りました。上から下へは取り組みやすいのですが、解いていく方向が変わると難しいと思われる方もいるようです。

3 意味のある言葉を探しましょう……105ページ

　各方向から、タテ・ヨコ・ナナメに並んでいる意味のある言葉を探す問題です。回答欄の数だけ言葉が用意されています。

一般的な日本語の読み方の「上から下」「左から右」だけでなく、「下から上」「右から左」に並べた言葉もありますので、気をつけて探してください。
　簡単な問題には、魚、鳥、虫、国名を、難易度の高い問題には、くだもの、花、動物、野菜を用意しました。

4 線対称の絵を描いてみましょう……117ページ

　文字並び替え、しりとり、文字探しと言葉に関する問題が続きましたが、ここでは図形分野の問題です。文字並び替えやしりとりは今ひとつの出来だったという方の中にも、対称画がすらすら解けるという方もいらっしゃいます。
　各ページ最初に挙げた例の図を参考に、左右対称となる画を完成させてください。段階を経て難しくなっていく7種類の問題を用意しました。

5 問題を作ってみましょう……125ページ

　「文字並べ替え」「穴あきしりとり」「文字探し」をみなさんで作れるよう、空欄のページを用意しました。家族やペットなど、身近な方のお名前だけを集めたり、歴史が好きな方なら歴史上の人物の名前だけを集めたりと、解答する方の個性に合わせた問題を作ることが出来ますので、回想療法に役立てることができます。

本書の問題を解いた方に、こんな変化がありました

　私たち「デイサービスたまや」では、デイの空き時間に利用者様にこの脳トレ問題を解いてもらっています。問題を解いて利用者様に起こった変化として、職員が実感していることをご紹介します。

☀ 3年前にアルツハイマーと診断された利用者様の介護度が変わらない。むしろケアマネージャーさんに「前よりもしっかりされた」と言われた。

☀ ご飯を食べ終わった瞬間に食べた物を忘れてしまう方が、一度解いた問題を覚えているようで、同じ問題を解かれるとき、ご本人様は解いたことは覚えていないようだが、すぐに答えがわかっていらっしゃる。記憶が残っていて、引き出せる力がついたと思われる。また、初めて解かれる問題であっても、始めたばかりの頃に比べて、格段に速く解かれるようになった。

☀ 問題を1週間解かないでいたら、昔の話を今の話のように話し出してしまい、時系列がおかしくなってしまった。また、話している内容がどんどん変わってしまったり、急

に飛躍したりして、何の話をしているのか、本人もわからなくなってしまった。

☀ 以前に比べて、会話の内容を理解する力がついた。また、問題を解くことがご本人の自信につながっている。

☀ 脳トレ問題を１年された方と、していない方では、理解力や集中力に違いがある。例えば、ひらがなカードを使って３文字の食べ物の名前を多く作れた方が勝ちというゲームをすると、脳トレをしている方は素早く単語を作ることができるのに対し、脳トレをしていない方はルールを理解できず、３文字なのに４文字で作ってしまったり、食べ物なのに「カバン」など、今思いついたことを答え続けたりしてしまう。（介護度は脳トレをしている方のほうが重いので、脳トレができるかどうかは介護度の重さに比例しない。）

☀ 利用者様同士で問題を見せ合って、お互いの問題を助け合い、コミュニケーションが取れている。また、他の方がどんな問題を解いているのかが気になり、他の方に関心を向けるようになった。

☀ デイで解けなかった問題を持って帰り、ご家族を巻き込んで解いたり、家で退屈だからと持って帰る方が多数いらっしゃる。

☀ 以前は文字並び替え問題を、子供の遊び、簡単だ、と少し小馬鹿にされていた方が、意外と難しいことがわかったら、今や率先して取り組んでいる。

いかがでしょうか。

　デイサービスたまやの利用者様の間では、良いこと尽くしの脳トレ問題です。ご家族の健康維持やコミュニケーションなどに役立てていただけたら幸いです。

・・

〈 編集部より 〉

脳トレ問題を解くことによる変化、効果には個人差がありますので、どなたにもこうした変化が起こるということを保障するものではありませんので、あらかじめご承知おきください。

1

文字並び替え問題

❸文字
を並べ替えましょう

並んでいる文字を並び替えると、意味のある言葉になります。
その言葉を探しあてる問題です。

文字並び替え

次の文字を並べ替えて、言葉にしてください。

3文字編—1

① メズス

② クツシ

③ ボゴウ

④ ビワユ

⑤ ヘマチ

⑥ ズネミ

⑦ アゴナ

⑧ タルカ

⑨ モシン

⑩ レテビ

文字並び替え

次の文字を並べ替えて、言葉にしてください。

① ミガテ → 　　　　　

② モコド → 　　　　　

③ ルイカ → 　　　　　

④ ズシヨ → 　　　　　

⑤ レンモ → 　　　　　

⑥ ミヒツ → 　　　　　

⑦ ギナヤ → 　　　　　

⑧ キコナ → 　　　　　

⑨ ナウギ → 　　　　　

⑩ ルマダ → 　　　　　

3 文字編—2

文字並び替え

次の文字を並べ替えて、言葉にしてください。

3文字編—3

① タミタ

② カトゲ

③ リンキ

④ ビワサ

⑤ ヒアル

⑥ セカナ

⑦ チモオ

⑧ チキマ

⑨ ミズミ

⑩ ゴリン

文字並び替え

次の文字を並べ替えて、言葉にしてください。

① ブ ウ ド

② ガ メ ネ

③ ペ ン モ

④ ク マ ラ

⑤ エ グ ノ

⑥ ツ オ カ

⑦ ビ ト ン

⑧ キ タ ヌ

⑨ ト デ ー

⑩ ヨ バ ツ

3 文字編—4

文字並び替え

3文字編—5

次の文字を並べ替えて、言葉にしてください。

① ガレン

② クホロ

③ スラカ

④ バツメ

⑤ ザイセ

⑥ ムケシ

⑦ ゴイチ

⑧ サラク

⑨ ツジヒ

⑩ グマロ

文字並び替え

次の文字を並べ替えて、言葉にしてください。

① ネ ラ ム

② レ ン ノ

③ ス カ イ

④ ク エ ボ

⑤ ウ サ ト

⑥ ラ ツ ラ

⑦ ス ニ テ

⑧ ゲ ク ラ

⑨ カ ム デ

⑩ カ ン ヤ

文字並び替え

次の文字を並べ替えて、言葉にしてください。

① スフマ

② ハキガ

③ ミナダ

④ カンミ

⑤ チベン

⑥ トッヨ

⑦ クチワ

⑧ コツタ

⑨ コノキ

⑩ スセン

文字並び替え

次の文字を並べ替えて、言葉にしてください。

① ラ オ ジ

② タ ヒ ナ

③ ド ン ネ

④ ズ モ ク

⑤ ト ボ ー

⑥ ク ラ ジ

⑦ デ ン オ

⑧ オ シ リ

⑨ ラ ダ サ

⑩ ト テ ス

3 文字編 — 8

文字並び替え

次の文字を並べ替えて、言葉にしてください。

① ウ ニ ゾ

② ズ チ ー

③ ト ボ ン

④ リ シ キ

⑤ ラ イ ミ

⑥ ナ バ ナ

⑦ キ ッ ニ

⑧ ユ マ ゲ

⑨ ロ メ ン

⑩ ア シ ラ

文字並び替え

次の文字を並べ替えて、言葉にしてください。

① メシザ

② スラカ

③ ロイリ

④ マゴタ

⑤ マネキ

⑥ ケカン

⑦ ユコビ

⑧ イエガ

⑨ サギウ

⑩ ラカテ

3文字編—10

解答

答えはここに掲載する1つの言葉とは限りません。

3文字編—1

① メズス → スズメ
② クツシ → ツクシ
③ ボゴウ → ゴボウ
④ ビワユ → ユビワ
⑤ ヘマチ → ヘチマ
⑥ ズネミ → ネズミ
⑦ アゴナ → アナゴ
⑧ タルカ → カルタ
⑨ モシン → シモン
⑩ レテビ → テレビ

3文字編—2

① ミガテ → テガミ
② モコド → コドモ
③ ルイカ → イルカ
④ ズシヨ → ヨシズ
⑤ レンモ → レモン
⑥ ミヒツ → ヒミツ
⑦ ギナヤ → ヤナギ
⑧ キコナ → キナコ
⑨ ナウギ → ウナギ
⑩ ルマダ → ダルマ

3文字編—3

① タミタ → タタミ
② カトゲ → トカゲ
③ リンキ → キリン
④ ビワサ → ワサビ
⑤ ヒアル → アヒル
⑥ セカナ → セナカ
⑦ チモオ → オモチ
⑧ チキマ → チマキ
⑨ ミズミ → ミミズ
⑩ ゴリン → リンゴ

3文字編—4

① ブウド → ブドウ
② ガメネ → メガネ
③ ペンモ → モンペ
④ クマラ → マクラ
⑤ エグノ → エノグ
⑥ ツオカ → カツオ
⑦ ビトン → トンビ
⑧ キタヌ → タヌキ
⑨ トデー → デート
⑩ ヨバツ → ヨツバ

3文字編—5

① ガレン → レンガ
② クホロ → ホクロ
③ スラカ → カラス
④ バツメ → ツバメ
⑤ ザイセ → セイザ
⑥ ムケシ → ケムシ
⑦ ゴイチ → イチゴ
⑧ サラク → サクラ
⑨ ツジヒ → ヒツジ
⑩ グマロ → マグロ

3文字編—6

① ネラム → ラムネ
② レンノ → ノレン
③ スカイ → スイカ
④ クエボ → エクボ
⑤ ウサト → サトウ
⑥ ラツラ → ツララ
⑦ スニテ → テニス
⑧ ゲクラ → クラゲ
⑨ カムデ → ムカデ
⑩ カンヤ → ヤカン

3文字編—7

① スフマ → フスマ
② ハキガ → ハガキ
③ ミナダ → ナミダ
④ カンミ → ミカン
⑤ チベン → ベンチ
⑥ トッヨ → ヨット
⑦ クチワ → チクワ
⑧ コツタ → コタツ
⑨ コノキ → キノコ
⑩ スセン → センス

3文字編—8

① ラオジ → ラジオ
② タヒナ → ヒナタ
③ ドンネ → ネンド
④ ズモク → モズク
⑤ トボー → ボート
⑥ クラジ → クジラ
⑦ デンオ → オデン
⑧ オシリ → シオリ
⑨ ラダサ → サラダ
⑩ トテス → テスト

解答

答えはここに掲載する1つの言葉とは限りません。

3文字編—9

① ウニゾ → ゾウニ
② ズチー → チーズ
③ トボン → トンボ
④ リシキ → リキシ
⑤ ライミ → ミイラ
⑥ ナバナ → バナナ
⑦ キッニ → ニッキ
⑧ ユマゲ → マユゲ
⑨ ロメン → メロン
⑩ アシラ → アラシ

3文字編—10

① メシザ → メザシ
② スラカ → カラス
③ ロイリ → イロリ
④ マゴタ → タマゴ
⑤ マネキ → ネマキ
⑥ ケカン → ケンカ
⑦ ユコビ → コユビ
⑧ イエガ → エイガ
⑨ サギウ → ウサギ
⑩ ラカテ → カラテ

文字並び替え問題

❹文字を並べ替えましょう

並んでいる文字を並び替えると、意味のある言葉になります。
その言葉を探しあてる問題です。

文字並び替え

4文字編―1

次の文字を並べ替えて、言葉にしてください。

① ゴ シ ケ ム

② ツ ケ タ マ

③ ヤ バ キ ソ

④ サ ア オ ガ

⑤ ク タ ネ イ

⑥ プ ン ラ テ

⑦ ラ ハ キ マ

⑧ メ ー ン ラ

⑨ ク ウ ロ ソ

⑩ タ コ ノ ケ

文字並び替え

次の文字を並べ替えて、言葉にしてください。

① コ ダ イ ン

② ワ リ ト ニ

③ シ ン フ ド

④ ウ チ ュ キ

⑤ ケ ロ ッ コ

⑥ ミ オ ジ ク

⑦ ク ミ ミ ズ

⑧ ウ ョ リ リ

⑨ ジ ニ ン ャ

⑩ ロ ス ク ゴ

4 文字編—2

文字並び替え

次の文字を並べ替えて、言葉にしてください。

① ボコマカ

② ノシイシ

③ エツンピ

④ リヘクソ

⑤ キキスヤ

⑥ ブラハシ

⑦ トナッウ

⑧ ビマコヤ

⑨ ヒワマリ

⑩ ソルザバ

文字並び替え

次の文字を並べ替えて、言葉にしてください。

① チカボャ

② スウイグ

③ サノモグ

④ キリビユ

⑤ コンレン

⑥ グメリス

⑦ キオホズ

⑧ コドウナ

⑨ シルブク

⑩ ザギウョ

文字並び替え

次の文字を並べ替えて、言葉にしてください。

① フスンラ

② ジニンン

③ パリッス

④ ススコモ

⑤ ダエメマ

⑥ コイツハ

⑦ バスルン

⑧ ウフクロ

⑨ イユレウ

⑩ カケオラ

文字並び替え

次の文字を並べ替えて、言葉にしてください。

① ナイカト

② ウソンメ

③ チクイジ

④ ラヒシグ

⑤ フヨカシ

⑥ ドレーコ

⑦ ツニダク

⑧ シゲャイ

⑨ ヤリドカ

⑩ バソスカ

文字並び替え

次の文字を並べ替えて、言葉にしてください。

① ビ ワ ナ ト

② リ メ カ ア

③ ピ ッ ベ ン

④ ウ ド ボ ロ

⑤ マ ー ン ピ

⑥ タ ク シ ツ

⑦ ペ ン ン ギ

⑧ ケ ト ロ ッ

⑨ カ ヌ ケ ヅ

⑩ ウ ン シ ゴ

文字並び替え

次の文字を並べ替えて、言葉にしてください。

① ドンケウ

② リイスギ

③ チツハミ

④ ノコネラ

⑤ カマニロ

⑥ ナジクメ

⑦ ンオセン

⑧ ツャキベ

⑨ モウリコ

⑩ ボサンテ

文字並び替え

次の文字を並べ替えて、言葉にしてください。

4文字編―9

① ブ セ ン ツ

② リ ト ヤ ア

③ モ ョ ギ ク

④ メ ウ シ ボ

⑤ ロ プ ン エ

⑥ ナ ボ ス ー

⑦ オ ラ ン イ

⑧ ラ カ ハ イ

⑨ エ ワ ノ チ

⑩ メ カ ン ヅ

文字並び替え

次の文字を並べ替えて、言葉にしてください。

① ム イ サ ラ

② オ パ カ ッ

③ ツ ブ ネ ン

④ イ テ グ ヌ

⑤ ハ キ セ ン

⑥ ワ ン エ ガ

⑦ バ タ ナ タ

⑧ ブ ン ザ ト

⑨ シ ス ム ズ

⑩ ト コ バ ビ

4文字編—10

解答

答えはここに掲載する1つの言葉とは限りません。

4文字編—1

① ゴシケム → ケシゴム
② ツケタマ → マツタケ
③ ヤバキソ → ヤキソバ
④ サアオガ → アサガオ
⑤ クタネイ → ネクタイ
⑥ プンラテ → テンプラ
⑦ ラハキマ → ハラマキ
⑧ メーンラ → ラーメン
⑨ クウロソ → ロウソク
⑩ タコノケ → タケノコ

4文字編—2

① コダイン → ダイコン
② ワリトニ → ニワトリ
③ シンフド → フンドシ
④ ウチュキ → チキュウ
⑤ ケロッコ → コロッケ
⑥ ミオジク → オミクジ
⑦ クミミズ → ミミズク
⑧ ウョリリ → リョウリ
⑨ ジニンャ → ニンジャ
⑩ ロスクゴ → スゴロク

4文字編—3

① ボコマカ → カマボコ
② ノシイシ → イノシシ
③ エツンピ → エンピツ
④ リヘクソ → ヘソクリ
⑤ キキスヤ → スキヤキ
⑥ ブラハシ → ハブラシ
⑦ トナッウ → ナットウ
⑧ ビマコヤ → ヤマビコ
⑨ ヒワマリ → ヒマワリ
⑩ ソルザバ → ザルソバ

4文字編—4

① チカボャ → カボチャ
② スウイグ → ウグイス
③ サノモグ → モノグサ
④ キリビユ → ユビキリ
⑤ コンレン → レンコン
⑥ グメリス → メグスリ
⑦ キオホズ → ホオズキ
⑧ コドウナ → ナコウド
⑨ シルブク → クルブシ
⑩ ザギウョ → ギョウザ

4文字編―5

① フスンラ → フランス
② ジニンン → ニンジン
③ パリッス → スリッパ
④ ススコモ → コスモス
⑤ ダエメマ → エダマメ
⑥ コイツハ → ハツコイ
⑦ バスルン → ルスバン
⑧ ウフクロ → フクロウ
⑨ イユレウ → ユウレイ
⑩ カケオラ → カラオケ

4文字編―6

① ナイカト → トナカイ
② ウソンメ → ソウメン
③ チクイジ → イチジク
④ ラヒシグ → ヒグラシ
⑤ フヨカシ → ヨフカシ
⑥ ドレーコ → レコード
⑦ ツニダク → ツクダニ
⑧ シゲャイ → ゲイシャ
⑨ ヤリドカ → ヤドカリ
⑩ バソスカ → ソバカス

4文字編―7

① ビワナト → ナワトビ
② リメカア → アメリカ
③ ピッベン → ベッピン
④ ウドボロ → ドロボウ
⑤ マーンピ → ピーマン
⑥ タクシツ → クツシタ
⑦ ペンンギ → ペンギン
⑧ ケトロッ → ロケット
⑨ カヌケヅ → ヌカヅケ
⑩ ウンシゴ → シンゴウ

4文字編―8

① ドンケウ → ケンドウ
② リイスギ → イギリス
③ チツハミ → ハチミツ
④ ノコネラ → ノラネコ
⑤ カマニロ → マカロニ
⑥ ナジクメ → ナメクジ
⑦ ンオセン → オンセン
⑧ ツャキベ → キャベツ
⑨ モウリコ → コウモリ
⑩ ボサンテ → サボテン

答えはここに掲載する１つの言葉とは限りません。

4文字編—9

① ブセンツ → セツブン
⑥ ナボスー → ボーナス
② リトヤア → アヤトリ
⑦ オランイ → ライオン
③ モョギク → モクギョ
⑧ ラカハイ → ハイカラ
④ メウシボ → ウメボシ
⑨ エワノチ → チエノワ
⑤ ロプンエ → エプロン
⑩ メカンヅ → カンヅメ

4文字編—10

① ムイサラ → サムライ
⑥ ワンエガ → エンガワ
② オパカッ → オカッパ
⑦ バタナタ → タナバタ
③ ツブネン → ネンブツ
⑧ ブンザト → ザブトン
④ イテグヌ → テヌグイ
⑨ シスムズ → スズムシ
⑤ ハキセン → セキハン
⑩ トコバビ → トビバコ

1 ③

文字並び替え 問題

❺文字を並べ替えましょう

並んでいる文字を並び替えると、意味のある言葉になります。
その言葉を探しあてる問題です。

文字並び替え

文字並べ替え　5 文字編 — 1

次の文字を並べ替えて、言葉にしてください。

① ジ マ ヨ ツ ウ

⑥ ク ギ ハ フ ラ

② ナ ス イ ド ケ

⑦ ラ タ ジ ク カ

③ イ シ ズ ナ リ

⑧ モ ー カ ハ ニ

④ ボ イ コ リ ノ

⑨ ム ン シ ケ ラ

⑤ ウ ラ ョ ッ キ

⑩ メ グ ヒ ヤ カ

文字並び替え

次の文字を並べ替えて、言葉にしてください。

① ゲチンマョ

② チエユンウ

③ ギトストホ

④ マズネヨー

⑤ ソオカオミ

⑥ コレゾイウ

⑦ コンジウゼ

⑧ レヒメトボ

⑨ マュウイシ

⑩ サアハゴン

文字並び替え

次の文字を並べ替えて、言葉にしてください。

① ウ リ ト カ ン

② キ ヤ ョ ッ ク

③ ト ン ロ コ テ

④ ジ ノ ヨ チ フ

⑤ ク ウ ロ ブ キ

⑥ ツ イ サ マ モ

⑦ チ モ ラ ワ ビ

⑧ シ ガ ム メ ネ

⑨ リ ス マ ク ス

⑩ ヒ ン ウ ョ タ

文字並び替え

次の文字を並べ替えて、言葉にしてください。

① ボナシレガ

② モャジイガ

③ カバシイミ

④ エウコンシ

⑤ カッライセ

⑥ クマキャジ

⑦ ルマービナ

⑧ ロゴヒミウ

⑨ イドケンオ

⑩ サッンキテ

5 文字編—4

文字並び替え

文字並べ替え 5文字編—5

次の文字を並べ替えて、言葉にしてください。

① ウ ョ チ ン チ

② オ キ ナ ユ ン

③ ワ ャ イ ツ シ

④ リ ボ オ ン ド

⑤ テ コ マ タ バ

⑥ ラ フ プ フ ー

⑦ ウ ン ソ ク ゴ

⑧ ダ ワ コ キ ア

⑨ ト ビ ウ サ キ

⑩ グ ミ ヌ ル イ

文字並び替え

次の文字を並べ替えて、言葉にしてください。

① カスリイワ
② ノウトフキ
③ ルヨグトー
④ ロブンテロ
⑤ マメヤダキ
⑥ シャチラバ
⑦ ロエベジャ
⑧ リバオイン
⑨ アンズカキ
⑩ クガャニジ

文字並び替え

次の文字を並べ替えて、言葉にしてください。

5文字編—7

① マキネコネ

② ダベイスリ

③ フエイラビ

④ サリカツナ

⑤ ドケトノボ

⑥ ウラガシト

⑦ キルメャラ

⑧ ウロソイウ

⑨ ルンマーホ

⑩ ミインセネ

文字並び替え

次の文字を並べ替えて、言葉にしてください。

① マワガアノ

② コハミキガ

③ ドンセラル

④ ラドュキラ

⑤ オキリカゴ

⑥ トエマコオ

⑦ モマリコサ

⑧ クュダシイ

⑨ ガツクキミ

⑩ ワシチカモ

文字並び替え

文字並べ替え 5文字編―9

次の文字を並べ替えて、言葉にしてください。

① ミャセンシ

② コイシキケ

③ ウモコタリ

④ ウタモロモ

⑤ コメタンイ

⑥ コリカヒシ

⑦ ラレトンス

⑧ ジドウュウ

⑨ チッケプャ

⑩ リボグーン

文字並び替え

次の文字を並べ替えて、言葉にしてください。

① ラコツハセ

② ナヤミスツ

③ クョンシパ

④ リビスクユ

⑤ バマルグウ

⑥ モハデツウ

⑦ プキウンセ

⑧ ナツヒマリ

⑨ ビキンダゴ

⑩ イュセンシ

答えはここに掲載する1つの言葉とは限りません。

5文字編—1

① ジマヨウツ → ツマヨウジ
⑥ クギハフラ → フクラハギ
② ナスイドケ → スナドケイ
⑦ ラタジクカ → タカラクジ
③ イシズナリ → イナリズシ
⑧ モーカハニ → ハーモニカ
④ ボイコリノ → コイノボリ
⑨ ムンシケラ → シムラケン
⑤ ウラョッキ → ラッキョウ
⑩ メグヒヤカ → カグヤヒメ

5文字編—2

① ゲチンマョ → チョンマゲ
⑥ コレゾイウ → レイゾウコ
② チエユンウ → ユウエンチ
⑦ コンジウゼ → ゼンコウジ
③ ギトストホ → ホトトギス
⑧ レヒメトボ → ヒトメボレ
④ マズネヨー → マヨネーズ
⑨ マュウイシ → シュウマイ
⑤ ソオカオミ → オオミソカ
⑩ サアハゴン → アサゴハン

5文字編—3

① ウリトカン → カリントウ
⑥ ツイサマモ → サツマイモ
② キヤョック → ヤッキョク
⑦ チモラワビ → ワラビモチ
③ トンロコテ → トコロテン
⑧ シガムメネ → ムシメガネ
④ ジノヨチフ → チョノフジ
⑨ リスマクス → クリスマス
⑤ クウロブキ → ウキブクロ
⑩ ヒンウョタ → ヒョウタン

5文字編—4

① ボナシレガ → ナガレボシ
⑥ クマキャジ → マキジャク
② モャジイガ → ジャガイモ
⑦ ルマービナ → ナマビール
③ カバシイミ → カミシバイ
⑧ ロゴヒミウ → ゴウヒロミ
④ エウコンシ → コウシエン
⑨ イドケンオ → オンドケイ
⑤ カッライセ → ラッカセイ
⑩ サンンキテ → キッサテン

5文字編—5

① ウョチンチ → チョウチン
⑥ ラフプフー → フラフープ
② オキナユン → ユキオンナ
⑦ ウンソクゴ → ソンゴクウ
③ ワャイツシ → ワイシャツ
⑧ ダワコキア → ワダアキコ
④ リボオンド → ボンオドリ
⑨ トビウサキ → サトウキビ
⑤ テコマタバ → タマテバコ
⑩ グミヌルイ → ヌイグルミ

5文字編—6

① カスリイワ → スイカワリ
⑥ シャチラバ → チャバシラ
② ノウトフキ → フキノトウ
⑦ ロエベジャ → ヤジロベエ
③ ルョグトー → ヨーグルト
⑧ リバオイン → バイオリン
④ ロブンテロ → ロテンブロ
⑨ アンズカキ → アカズキン
⑤ マメヤダキ → メダマヤキ
⑩ クガニジ → ニクジャガ

5文字編—7

① マキネコネ → マネキネコ
⑥ ウラガシト → トウガラシ
② ダベイスリ → スベリダイ
⑦ キルメャラ → キャラメル
③ フエイラビ → エビフライ
⑧ ウロソイウ → イソウロウ
④ サリカツナ → サカナツリ
⑨ ルンマーホ → マンホール
⑤ ドケトノボ → ノドボトケ
⑩ ミインセネ → ミセイネン

5文字編—8

① マワガアノ → アマノガワ
⑥ トエマコオ → オトコマエ
② コハミキガ → ハミガキコ
⑦ モマリコサ → モリマサコ
③ ドンセラル → ランドセル
⑧ キュダシイ → シュクダイ
④ ラドュキラ → ドラキュラ
⑨ ガツクキミ → クツミガキ
⑤ オキリカゴ → カキゴオリ
⑩ ワシチカモ → カシワモチ

答えはここに掲載する1つの言葉とは限りません。

5文字編—9

① ミャセンシ → シャミセン
② コイシキケ → キシケイコ
③ ウモコタリ → コモリウタ
④ ウタモロモ → モモタロウ
⑤ コメタンイ → メンタイコ
⑥ コリカヒシ → コシヒカリ
⑦ ラレトンス → レストラン
⑧ ジドウュウ → ジュウドウ
⑨ チッケプャ → ケチャップ
⑩ リボグーン → ボーリング

5文字編—10

① ラコツハセ → ハラセツコ
② ナヤミスツ → ナツヤスミ
③ クョンシパ → ショクパン
④ リビスクユ → クスリユビ
⑤ バマルグウ → ウバグルマ
⑥ モハデツウ → ハツモウデ
⑦ プキウンセ → センプウキ
⑧ ナツヒマリ → ヒナマツリ
⑨ ビキンダゴ → キビダンゴ
⑩ イュセンシ → セイシュン

1 ④

文字並び替え問題

❻文字
を並べ替えましょう

並んでいる文字を並び替えると、意味のある言葉になります。
その言葉を探しあてる問題です。

文字並び替え

次の文字を並べ替えて、言葉にしてください。

6文字編—1

① ウウンホレソ

② スンゾカイク

③ ウギュウュニ

④ ミハコルヤミ

⑤ グシンセミン

⑥ コャダンッチ

⑦ イウウドカソ

⑧ ペコウントイ

⑨ オキノヤコミ

⑩ キョコバチン

前ページ問題の

① 野菜です。
βカロテンたっぷり。
ポパイはこれで強くなれます。

② 巨大な水槽があります。
色々な種類の海洋生物がいます。
沖縄の美ら海○○○○○○○は大人気。

③ 白い飲み物です。
給食によく出ます。
これで背が伸びる！？

④ 日本を代表する演歌歌手。
唸るようなこぶしが特徴的。
代表曲に「北の宿から」があります。

⑤ 時代は幕末。
シンボルマークは「誠」。
隊士の一人は沖田総司。

⑥ 1960年に大ヒット。
黒いビニール人形。
腕に巻き付けるのがおシャレでした。

⑦ 出欠席のハガキが届きます。
普段よりおシャレに力が入ります。
会わなきゃよかった初恋の人。

⑧ 原材料は砂糖です。
表面が凹凸しています。
ポルトガルからやってきました。

⑨ 好みは大阪風？広島風？
鉄板の上でじゅ〜っと。
生地は水で溶いた小麦粉です。

⑩ 豚の形したものをよく見かけます。
取り出し口のないものは破壊します。
500円玉専用のものもあります。

文字並び替え

6文字編—2

次の文字を並べ替えて、言葉にしてください。

① マ ャ ダ ボ シ ン

② ウ ロ シ ト コ モ

③ ツ イ カ チ サ グ

④ ウ マ ョ ゲ ン キ

⑤ ヅ ジ フ ン ク ケ

⑥ マ ブ リ ツ タ ネ

⑦ ミ オ ミ ハ ナ ル

⑧ ナ ジ ナ オ ミ サ

⑨ エ ケ ン ク ン ロ

⑩ シ ツ ウ キ ミ ド

前ページ問題のヒント

① 食器洗剤でも作れます。
屋根まで飛んだ。
主に子供の遊びです。

② 夏の野菜です。
北海道の特産品。
スープとしても使います。

③ 切符を拝見。
都心ではほとんどが自動です。
ここで別れを惜しむ姿も見られます。

④ 覗いて使います。
筒状のものをクルクルと回します。
きれいな模様が変化します。

⑤ 赤色や茶色の食べ物です。
カリカリっとした触感が特徴。
カレーライスの名脇役。

⑥ 青森の有名なお祭りです。
山車灯篭が街を練り歩きます。
「らっせらー、らっせらー」の掛け声。

⑦ 昭和を代表する歌手。
お客様は神様です。
大阪万博のテーマソングを歌いました。

⑧ 近所に住んでいました。
初恋の相手の場合もあります。
仲をひやかされたりしました。

⑨ 日本三大名園の一つ。
所在地は金沢です。
雪吊るしは冬の風物詩です。

⑩ 草木も眠る・・・。
午前2時から2時半をさします。
幽霊が出やすい時間？

文字並び替え

次の文字を並べ替えて、言葉にしてください。

① ダオブガノナ
② タリプへーコ
③ キテホヨウン
④ ブンウタコシ
⑤ ミモコトンウ
⑥ カウドンイウ
⑦ ワシザシラキ
⑧ ベャナンチコ
⑨ コツルジタウ
⑩ ドカウイウト

前ページ問題の ヒント

① 尾張の武将。
家臣に豊臣秀吉がいます。
本能寺の変にて亡くなりました。

② 空を飛ぶ乗り物です。
プロペラを頭につけています。
救助や医療の現場でも活躍します。

③ ニュースの最後に放送されます。
気圧配置・降水確率。
近年は花粉情報も教えてくれます。

④ 盆踊りの定番。
掘って、掘って、また掘って。
福岡県に伝わる民謡。

⑤ 本名は徳川光圀。
旅のお伴は助さん・格さん。
この紋所が目に入らぬか。

⑥ 赤組と白組に分かれます。
国旗で飾られたりします。
綱引き・リレーなどの競技があります。

⑦ 子供の妖怪。
出会うと幸運になれるそうです。
岩手県が有名です。

⑧ 相撲部屋で食べられています。
野菜などの具材がたっぷり。
引退した力士が店を開いたりします。

⑨ 日本の俳優・歌手です。
耳に手を当てて歌う姿が印象的です。
代表曲に「赤と黒のブルース」があります。

⑩ 江戸時代の五街道の一つです。
江戸と京都を結びました。
始点は日本橋です。

文字並び替え

6文字編—4

次の文字を並べ替えて、言葉にしてください。

① ミキラヨデズ

② プュチッーリ

③ チウンウジュ

④ バシムシカナ

⑤ ギカズシコサ

⑥ カゴゴカメメ

⑦ ピリオクッン

⑧ カホイウッド

⑨ ギゲノムウト

⑩ ヒュナウワジ

前ページ問題のヒント

① 京都で人気の観光地です。
舞台から飛び降りたつもりで・・・。
夜のライトアップは幻想的です。

② 花の名前です。
富山県が生産日本一。
風車小屋がよく似合います。

③ 円盤に乗って、やって来ます。
頭が大きいとされています。
「ワレワレハ…」とものまねをします。

④ おじいさんとおばあさんが登場します。
鬼や動物もしゃべります。
「むか〜し、むかし、あるところに」

⑤ 昭和を代表する歌手・女優。
ブギの女王。
代表曲に「東京ブギウギ」があります。

⑥ 日本の童謡。遊び。
輪になって手をつなぎます。
後ろの正面だ〜れ？

⑦ 4年に一度開催されます。
2020年の開催地は東京です。
5つの輪が重なるシンボルマーク。

⑧ 都道府県の一つ。
「北の国から」のロケ地。
じゃがいもの生産日本一。

⑨ 日本の地名です。
岐阜県と長野県の県境に位置します。
大竹しのぶ主演の映画で有名。

⑩ 1543年種子島に伝来しました。
戦国時代に大活躍しました。
黒色火薬を使用します。

文字並び替え

次の文字を並べ替えて、言葉にしてください。

① ソリヒミバラ

② トコレョーチ

③ ウミカンフセ

④ アクャノマジ

⑤ ウボソウズミ

⑥ シテトンムウ

⑦ ボウントウジ

⑧ スピリーグン

⑨ ロンゲンオセ

⑩ ミズウネゾコ

文字並び替え

次の文字を並べ替えて、言葉にしてください。

① ウンネジガョ
② ベーロスリト
③ メシイソノヨ
④ ブソンラシー
⑤ シウキョカョ
⑥ オコウコヤウ
⑦ ミシヤチミハ
⑧ ヒジウジメョ
⑨ ペボッウラノ
⑩ ムマダデネサ

文字並び替え

次の文字を並べ替えて、言葉にしてください。

① イボンネカウ

⑥ フオズキナカ

② チジフシンク

⑦ ウウヒツチョ

③ クントキンリ

⑧ シトバシソコ

④ ツンヒマネン

⑨ セコバイサン

⑤ スチンダクー

⑩ ウクウウゴボ

文字並び替え

次の文字を並べ替えて、言葉にしてください。

① センシンンカ

② カコヌヨビロ

③ ルパッナイプ

④ ツホイマカウ

⑤ スレイーカラ

⑥ ナイダマイト

⑦ セカイナトイ

⑧ デラムヒタオ

⑨ ウサヨシゴン

⑩ ラーフカワリ

文字並び替え

次の文字を並べ替えて、言葉にしてください。

① インカンラバ

⑥ ラノシセシム

② ウガシツオョ

⑦ シダヨゲシル

③ オトセャリン

⑧ シーケトビタ

④ シカランャン

⑨ ツンイケカサ

⑤ ハシイラヤス

⑩ タヨイウイヘ

文字並び替え

次の文字を並べ替えて、言葉にしてください。

① ドンブウエツ

② ケスキアンレ

③ ドンリウザキ

④ ケタイインオ

⑤ エーベレター

⑥ ウフドコウヤ

⑦ ウタジビョン

⑧ トンセンヘウ

⑨ メキョチンウ

⑩ ジウセグイン

解答

答えはここに掲載する1つの言葉とは限りません。

6文字編—1

① ウウンホレソ → ホウレンソウ
⑥ コャダンッチ → ダッコチャン
② スンゾカイク → スイゾクカン
⑦ イウウドカン → ドウソウカイ
③ ウギュウュニ → ギュウニュウ
⑧ ペコウントイ → コンペイトウ
④ ミハコルヤミ → ミヤコハルミ
⑨ オキノヤコミ → オコノミヤキ
⑤ グシンセミン → シンセングミ
⑩ キョコバチン → チョキンバコ

6文字編—2

① マャダボシン → シャボンダマ
⑥ マブリツタネ → ネブタマツリ
② ウロシトコモ → トウモロコシ
⑦ ミオミハナル → ミナミハルオ
③ ツイカチサグ → カイサツグチ
⑧ ナジナオミサ → オサナナジミ
④ ウマョゲンキ → マンゲキョウ
⑨ エケンクンロ → ケンロクエン
⑤ ヅジフンクケ → フクジンヅケ
⑩ シツウキミド → ウシミツドキ

6文字編—3

① ダオブガノナ → オダノブナガ
⑥ カウドンイウ → ウンドウカイ
② タリプヘーコ → ヘリコプター
⑦ ワシザシラキ → ザシキワラシ
③ キテホヨウン → テンキヨホウ
⑧ ベャナンチコ → チャンコナベ
④ ブンウタコシ → タンコウブシ
⑨ コツルジタウ → ツルタコウジ
⑤ ミモコトンウ → ミトコウモン
⑩ ドカウイウト → トウカイドウ

6文字編—4

① ミキラヨデズ → キヨミズデラ
⑥ カゴゴカメメ → カゴメカゴメ
② プュチッーリ → チューリップ
⑦ ピリオクッン → オリンピック
③ チウンウジュ → ウチュウジン
⑧ カホイウッド → ホッカイドウ
④ バシムシカナ → ムカシバナシ
⑨ ギゲノムウト → ノムギトウゲ
⑤ ギカズシコサ → カサギシズコ
⑩ ヒュナウワジ → ヒナワジュウ

6文字編—5

① ソリヒミバラ → ミソラヒバリ
⑥ シテトンムウ → テントウムシ
② トコレョーチ → チョコレート
⑦ ボウントウジ → トウジンボウ
③ ウミカンフセ → カミフウセン
⑧ スピリーグン → グリンピース
④ アクァノマジ → アマノジャク
⑨ ロンゲンオセ → ゲロオンセン
⑤ ウボソウズミ → ミズボウソウ
⑩ ミズウネゾコ → ネズミコゾウ

6文字編—7

① イボンネカウ → ボウネンカイ
⑥ フオズキナガ → フナキカズオ
② チジフシンク → シチフクジン
⑦ ウウヒツチョ → ツウチヒョウ
③ クントキンリ → クリキントン
⑧ シトバシソコ → トシコシソバ
④ ツンヒマネン → マンネンヒツ
⑨ セコバイサン → サイセンバコ
⑤ スチンダクー → チークダンス
⑩ ウクウウゴボ → ボウクウゴウ

6文字編—6

① ウンネジガオ → ネンガジョウ
⑥ オコウコヤウ → オヤコウコウ
② ベーロスリト → ストロベリー
⑦ ミシャチミハ → ミハシミチヤ
③ メシイソノヨ → ソメイヨシノ
⑧ ヒジウジメョ → ヒメジジョウ
④ ブソンラシー → ソーランブシ
⑨ ペボッウラノ → ノッペラボウ
⑤ シウキョカョ → キョウカショ
⑩ ムマダテネサ → ダテマサムネ

6文字編—8

① センシンンカ → シンカンセン
⑥ ナイダマイト → ダイナマイト
② カコヌヨビロ → ヌカヨロコビ
⑦ セカイナトイ → セトナイカイ
③ ルパッナイプ → パイナップル
⑧ デラムヒタオ → ムラタヒデオ
④ ツホイマカウ → マホウツカイ
⑨ ウサョシゴン → サンゴショウ
⑤ スレイーカラ → カレーライス
⑩ ラーフカワリ → カリフラワー

解答 答えはここに掲載する1つの言葉とは限りません。

6文字編―9

① インカンラバ / カイランバン
② ウガシツオョ / オショウガツ
③ オトセャリン / トオリャンセ
④ シカランャン / カンランシャ
⑤ ハシイラヤス / ハヤシライス
⑥ ラノシセシム / ムシノシラセ
⑦ シダヨゲシル / ヨシダシゲル
⑧ シーケトビタ / ビートタケシ
⑨ ツンイケカサ / ケイサツカン
⑩ タヨイウイヘ / タイヘイヨウ

6文字編―10

① ドンブウエツ / ドウブツエン
② ケスキアンレ / アキレスケン
③ ドンリウザキ / リキドウザン
④ ケタイインオ / タイオンケイ
⑤ エーベレター / エレベーター
⑥ ウフドコウヤ / コウヤドウフ
⑦ ウタジビョン / タンジョウビ
⑧ トンセンヘウ / ヘントウセン
⑨ メキョチンウ / キチョウメン
⑩ ジウセギイン / イセジングウ

1-⑤ 文字並び替え問題

❼文字を並べ替えましょう

並んでいる文字を並び替えると、意味のある言葉になります。その言葉を探しあてる問題です。

文字並び替え

次の文字を並べ替えて、言葉にしてください。

① ジ タ シャ ク オ マ

② デ マ ヤ シ ナ コ ト

③ ト ウ リ カ ン セ コ

④ ソ キ ウ ツ セ メ ナ

⑤ ト ア オ ス リ ー ラ

⑥ チ ラ ウ シュ グ ン

⑦ ガ シ リ サ ヨ ユ ナ

⑧ チョ バ ク ウ イ シ

⑨ ル ボ ル テ ズ テ ウ

⑩ ス ワ デ ス ュ チ ー

前ページ問題の ヒント

① 水の中にいる生物です。
大人になると陸に上がれます。
音符の形をしています。

② 日本女性の美称。
花に見立ててこう呼びます。
松嶋菜々子主演のドラマタイトル。

③ 渦巻き型をしています。
日本の夏の風物詩。
近年は様々な香りが発売されています。

④ 日本の小説家。
千円札の肖像になりました。
「吾輩は猫である」「坊ちゃん」。

⑤ 国名です。
カンガルー・コアラが生息しています。
首都はキャンベラです。

⑥ 年末ドラマの定番です。
松の廊下で事件が起きました。
大石内蔵助が登場します。

⑦ 日本の女優、歌手。
ファンはサユリストと呼ばれています。
「青い山脈」に出演しました。

⑧ めでたいものに用います。
3つの等級を示します。
お酒の銘柄にもなっています。

⑨ 窓際に吊るします。
白い人形です。
翌日のお天気を祈る儀式です。

⑩ 旅客機内で働く人。
今はキャビンアテンダントと呼びます。
女性の憧れの職業の一つです。

文字並び替え

文字並べ替え 7 文字編—2

次の文字を並べ替えて、言葉にしてください。

① バコシクダライ

② シコバラキヤア

③ タスメリシズキ

④ イタィャヅシモ

⑤ クユンョビキウ

⑥ ウズクンウキボ

⑦ ユビリボンスウ

⑧ ザハロイチワウ

⑨ ツショクンシイ

⑩ ハダリゴナヨン

前ページ問題の ヒント

① 家の中心にある太い柱。
一家・団体の中心にある人。
家族を養う人。

② 日活の映画俳優でした。
「渡り鳥シリーズ」で主演。
昔の名前で出ています。

③ 日本の昔話。
やさしいお爺さんと意地悪なお婆さん。
洗濯糊をスズメが食べてしまいます。

④ 島根県にある神社。
二拝四拍手一拝します。
本殿は60年に一度建て替えられます。

⑤ 切手やハガキを扱っています。
小泉首相により民営化されました。
日本最大の店舗網。

⑥ 空襲の際に頭を守りました。
主に子供や女性が使用しました。
現在は防災として使用されます。

⑦ 体の一部の動き。
無意識であることが多い。
イライラしていると思われることもある。

⑧ 昭和を代表する歌手。
代表曲に「あゝ上野駅」があります。
長女は工藤夕貴。

⑨ 学校の一室です。
呼び出されるとドキドキします。
先生の机が並んでいます。

⑩ ことわざです。
風流よりも実益。
類義は「色気より食い気」。

文字並び替え

7 文字編—3

次の文字を並べ替えて、言葉にしてください。

① ヒミカデタコネ

② クブカニンロン

③ ウナンハビコセ

④ バハコクヤトチ

⑤ ウンユリバロメ

⑥ シガウナメソン

⑦ カオコオミトオ

⑧ ニタガジヘゼイ

⑨ ハオカタコシナ

⑩ ジウイクドョス

前ページ問題の ヒント

① 昭和を代表する女優・歌手。出演映画の代表作は「二十四の瞳」。ヒット曲に「銀座カンカン娘」があります。

② 緒が切れたら大変です。我慢する心の広さを入れる袋のたとえ。落語の演目の一つです。

③ こよりに火薬が入っています。玉を落とさないようにそっと。火花の様子が変化します。

④ 生麦・生米・生卵。発声トレーニングに使用します。世界各国にあります。

⑤ 高級品です。北海道にある炭鉱の町の特産品。果肉はオレンジ色をしています。

⑥ 竹製の樋を使用します。箸でつかまえます。最後は麺つゆにつけて食べます。

⑦ 吸血鬼と並ぶ外国の怪物です。満月の夜に変身します。噛みつかれた人も同様になります。

⑧ 岡っ引が主役の時代劇です。特技は「投げ銭」です。テレビドラマでの二代目は大川橋蔵。

⑨ オリンピック金メダリスト。フルマラソンの選手です。「Qちゃん」の愛称で親しまれています。

⑩ 安来節とともに踊ります。ひょっとこ顔をします。手拭をかぶり、笊を持って踊ります。

文字並び替え

文字並べ替え 7 文字編—4

次の文字を並べ替えて、言葉にしてください。

① オウョリチセリ

② ルフインエザン

③ カタクイカナエ

④ イウジリンダソ

⑤ ナカシコオリミ

⑥ マダアハテシノ

⑦ イタソオラウジ

⑧ タテロバウンツ

⑨ ロソノウウシウ

⑩ ウキタンメアロ

前ページ問題の ヒント

① 重箱に詰められています。
黒豆・田作り・数の子などが入ります。
デパートなどで販売もされています。

② ウイルスによる感染症。
冬に流行します。
治療薬としてはタミフルが有効です。

③ 日本の元政治家。
日本列島改造論。
親子ともによく物まねをされています。

④ 初代は伊藤博文です。
内閣の首長です。
在職日数が一番多いのは桂太郎。

⑤ 浅草名物のお土産です。
米・水飴などが原料です。
サクサクとした食感です。

⑥ 日本三景の一つ。
京都府に位置します。
股のぞきで有名です。

⑦ 第1・第2が存在します。
夏休みは早朝の公園で実施されます。
実は第3が存在したこともあります。

⑧ 日本の俳優。
死後の世界はあるのだ。
Gメンシリーズに出演していました。

⑨ 口腔内の病気です。
歯茎から血が出ます。
今は歯周病と呼ばれています。

⑩ 切っても、切っても・・・。
正式名称は「組み飴」です。
似たり寄ったりをこう呼ぶこともあります。

文字並び替え

次の文字を並べ替えて、言葉にしてください。

① シラロウタウマ
② ソギツシキョウ
③ ギコナコルヤミ
④ シカンーョーネ
⑤ ゴダラミンタシ
⑥ バウシオツマョ
⑦ イロダンシコオ
⑧ オリフフウドシ
⑨ デロンャメシン
⑩ シツウクツボク

文字並び替え

次の文字を並べ替えて、言葉にしてください。

① イツアンゼラカ

② ミイソスブクン

③ ラチウウユクョ

④ チエモヤマモグ

⑤ コンウシャスダ

⑥ ドシザイメマケ

⑦ ウュドニモウグ

⑧ ホチウコンウオ

⑨ ボシギウムラワ

⑩ チウコチノヅデ

7文字編—6

文字並び替え

文字並べ替え 7文字編—7

次の文字を並べ替えて、言葉にしてください。

① タナカハイビイ

② リドイマシコマ

③ レーエカスータ

④ ヅョッウブチラ

⑤ キトュサウモカ

⑥ トタノシゴツオ

⑦ ウンョンチタビ

⑧ ホシイセトクチ

⑨ ミイヤズシケニ

⑩ ムナブミツアダ

文字並び替え

次の文字を並べ替えて、言葉にしてください。

① マノリシイツモ

② インツサミュジ

③ カイドタイギバ

④ インピガネッセ

⑤ ニコカウキッン

⑥ タムナオカマラ

⑦ ゴラピウキボン

⑧ モヤコマトジフ

⑨ リウイダヨトウ

⑩ オサンセンクツ

文字並び替え

文字並べ替え 7 文字編—9

次の文字を並べ替えて、言葉にしてください。

① コメッウゲンカ

② シキンミョウゲ

③ ユチクフワキザ

④ シチコギャクン

⑤ ボシンッウイス

⑥ ニヒョナウンギ

⑦ ベシウールノョ

⑧ ダウイコシウボ

⑨ バゼランモイン

⑩ ワリカユサシイ

文字並び替え

次の文字を並べ替えて、言葉にしてください。

① ウドウホンオダ

② ワコクンユヤビ

③ ロンウチシモョ

④ ウジメグインジ

⑤ ラクコシヨマチ

⑥ クセタンミサバ

⑦ ヤワジケミンザ

⑧ ウンウジウドョ

⑨ イウジゴラワ

⑩ バルンワデンス

答えはここに掲載する1つの言葉とは限りません。

7文字編—1

① ジタシャクオマ / オタマジャクシ
⑥ チラウシュグン / チュウシングラ
② デマヤシナコト / ヤマトナデシコ
⑦ ガシリサヨユナ / ヨシナガサユリ
③ トウリカンセコ / カトリセンコウ
⑧ チョバクウイシ / ショウチクバイ
④ ソキウツセメナ / ナツメソウセキ
⑨ ルボルテズテウ / テルテルボウズ
⑤ トアオスリーラ / オーストラリア
⑩ スワデスュチー / スチュワーデス

7文字編—3

① ヒミカデタコネ / タカミネヒデコ
⑥ シガウナメソン / ナガシソウメン
② クブカニンロン / カンニンブクロ
⑦ カオコオミトオ / オオカミオトコ
③ ウナンハビコセ / センコウハナビ
⑧ ニタガジヘゼイ / ゼニガタヘイジ
④ バハコクヤトチ / ハヤクチコトバ
⑨ ハオカタコシナ / タカハシナオコ
⑤ ウンユリバロメ / ユウバリメロン
⑩ ジウイクドョス / ドジョウスクイ

7文字編—2

① バコシクダライ / ダイコクバシラ
⑥ ウズクンウキボ / ボウクウズキン
② シコバラキヤア / コバヤシアキラ
⑦ ユビリボンスウ / ビンボウユスリ
③ タスメリシズキ / シタキリスズメ
⑧ ザハロイチワウ / イザワハチロウ
④ イタイャヅシモ / イヅモタイシャ
⑨ ツショクンシイ / ショクインシツ
⑤ クユョビキウ / ユウビンキョク
⑩ ハダリゴナヨン / ハナヨリダンゴ

7文字編—4

① オウョリチセリ / オセチリョウリ
⑥ マダアハテシノ / アマノハシダテ
② ルフインエザン / インフルエンザ
⑦ イタソオラウジ / ラジオタイソウ
③ カタクイカナエ / タナカカクエイ
⑧ タテロバウンツ / タンバテツロウ
④ イウジリンダソ / ソウリダイジン
⑨ ロソノウウシウ / シソウノウロウ
⑤ ナカシコオリミ / カミナリオコシ
⑩ ウキタンメアロ / キンタロウアメ

7文字編—5

① シラロウタウマ → ウラシマタロウ
② ソギツシキョウ → ソツギョウシキ
③ ギコナコルヤミ → コヤナギルミコ
④ シカンーョーネ → カーネーション
⑤ ゴダラミンタシ → ミタラシダンゴ
⑥ バウシオツマョ → マツオバショウ
⑦ イロダンシコオ → ダイコンオロシ
⑧ オリフフウドシ → オシドリフウフ
⑨ デロンャメシン → ロメンデンシャ
⑩ シツウクツボク → ツクツクボウシ

7文字編—6

① イツアンゼラカ → アイゼンカツラ
② ミイソスブクン → スイミンブソク
③ ラチウウユクョ → ユウラクチョウ
④ チエモヤマモグ → ヤマグチモモエ
⑤ コンウシャスダ → シャコウダンス
⑥ ドシザイメマケ → メザマシドケイ
⑦ ウュドニモウグ → ニュウドウグモ
⑧ ホチウコンウオ → ホウコウオンチ
⑨ ボシギウムラワ → ムギワラボウシ
⑩ チウコチノヅデ → ウチデノコヅチ

7文字編—7

① タナカハイビイ → ハナビタイカイ
② リドイマシコマ → コマドリシマイ
③ レーエカスータ → エスカレーター
④ ヅョッウプチラ → ブッチョウヅラ
⑤ キトュサウウモカ → サカモトキュウ
⑥ トタノシゴツオ → タツノオトシゴ
⑦ ウンョンチタビ → ビンチョウタン
⑧ ホシイセトクチ → ホクトシチセイ
⑨ ミイヤズシケニ → ヤケイシニミズ
⑩ ムナブミツアダ → ナムアミダブツ

7文字編—8

① マノリシイツモ → モリノイシマツ
② インツサミュジ → サイミンジュツ
③ カイドタイギバ → イドバタカイギ
④ インピガネッセ → セイネンガッピ
⑤ ニコカウキッン → コウカンニッキ
⑥ タムナオカマラ → ナカムラタマオ
⑦ ゴラビウキボン → キンピラゴボウ
⑧ モヤコマトジフ → ヤマモトフジコ
⑨ リウイダトウ → ダイトウリョウ
⑩ オサンセンクツ → クサツオンセン

89

答えはここに掲載する1つの言葉とは限りません。

7文字編—9

① コメッウゲンカ
ゲッコウカメン

⑥ ニヒョナウンギ
ヒナニンギョウ

② シキンミョウゲ
ショウミキゲン

⑦ ベシウールノョ
ノーベルショウ

③ ユチクフワキザ
フクザワユキチ

⑧ ダウイコシウボ
コウボウダイシ

④ シチコギャクン
コシギンチャク

⑨ バゼランモイン
モンゼンバライ

⑤ ボシンッウイス
イッスンボウシ

⑩ ワリカユサシイ
イシカワサユリ

7文字編—10

① ウドウホンオダ
オウダンホドウ

⑥ クセタンミサバ
センタクバサミ

② ワコクンユヤビ
コンヤクユビワ

⑦ ヤワジケミンザ
ミヤザワケンジ

③ ロンウチシモヨ
モンシロチョウ

⑧ ウンウジウドヨ
ウンドウジョウ

④ ウジメグインジ
メイジジングウ

⑨ イウジゴョラワ
ワライジョウゴ

⑤ ラクコシヨマチ
シマクラチヨコ

⑩ バルンワデンス
ルスバンデンワ

2 穴あきしりとりをしましょう

二人でしりとりをしているような問題です。
空欄に入る３文字の言葉を考えてください。
上から下、下から上…と順番の向きが変わる
最後の２つの問題は、少し難しいと思う方もいるようです。

穴あきしりとり

穴あきしりとり　上から下編－1

空欄に言葉を入れて、しりとりを完成させてください。

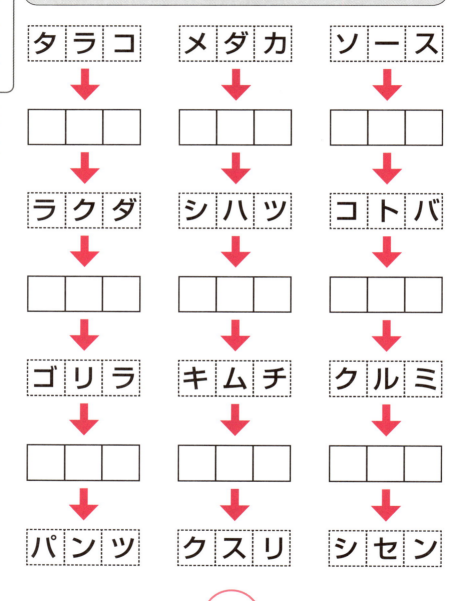

穴あきしりとり

空欄に言葉を入れて、しりとりを完成させてください。

穴あきしりとり 上から下編—2

ミンナ → □□□ → マント → □□□ → ラクゴ → □□□ → ルンバ

テント → □□□ → インド → □□□ → ツクエ → □□□ → カモン

サンソ → □□□ → ジュウ → □□□ → ワナゲ → □□□ → キコリ

穴あきしりとり

空欄に言葉を入れて、しりとりを完成させてください。

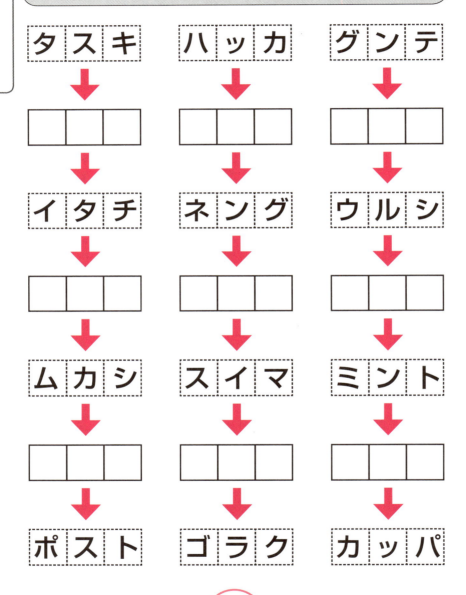

穴あきしりとり

空欄に言葉を入れて、しりとりを完成させてください。

1列目: ベルト → □□□ → フメツ → □□□ → キサク → □□□ → ズカン

2列目: ムシロ → □□□ → カンペ → □□□ → キセツ → □□□ → ウチワ

3列目: オンブ → □□□ → キモチ → □□□ → シワケ → □□□ → コーチ

穴あきしりとり

穴あきしりとり　上から下編—5

空欄に言葉を入れて、しりとりを完成させてください。

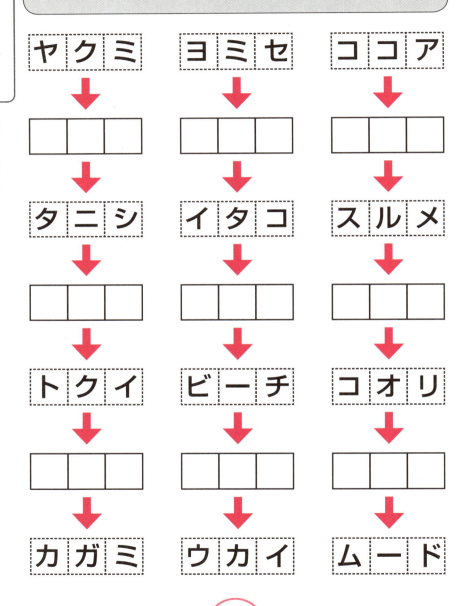

穴あきしりとり

空欄に言葉を入れて、しりとりを完成させてください。

穴あきしりとり 上から下編—6

マスイ → ☐☐☐ → サウナ → ☐☐☐ → コウヤ → ☐☐☐ → ザンゲ

ミイラ → ☐☐☐ → マツゲ → ☐☐☐ → コヤシ → ☐☐☐ → イカリ

クマデ → ☐☐☐ → ワイロ → ☐☐☐ → アケビ → ☐☐☐ → ルビー

穴あきしりとり

穴あきしりとり 上から下編 — 7

空欄に言葉を入れて、しりとりを完成させてください。

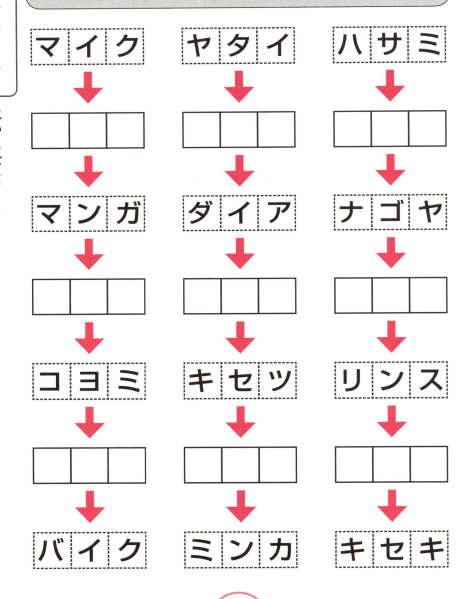

穴あきしりとり

空欄に言葉を入れて、しりとりを完成させてください。

テジナ → □□□ → コート → □□□ → トドメ → □□□ → ジカン

ソース → □□□ → レタス → □□□ → キボウ → □□□ → ラクゴ

ネグセ → □□□ → リソウ → □□□ → シップ → □□□ → ルーズ

穴あきしりとり

穴あきしりとり 上級編 —1

空欄に言葉を入れて、しりとりを完成させてください。

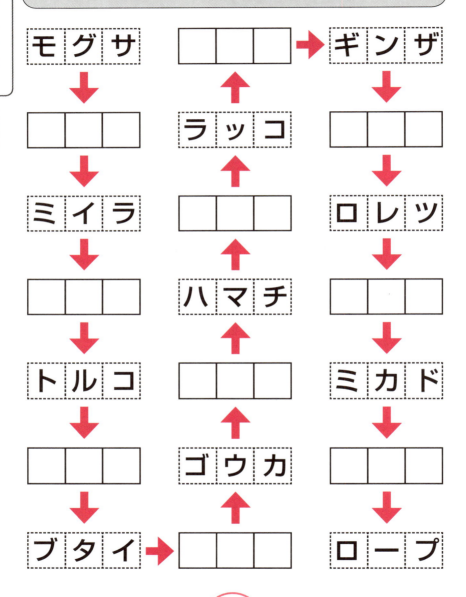

穴あきしりとり

空欄に言葉を入れて、しりとりを完成させてください。

セキユ → ☐☐☐ → ヒルネ → ☐☐☐ → ゼイム → ☐☐☐ → チェア → ☐☐☐ → ビーズ → ☐☐☐ → ウナジ → ☐☐☐ → クウキ → ☐☐☐ → クラシ → ☐☐☐ → スキマ → ☐☐☐ → トアミ → ☐☐☐ → リング

上級編 ― 2

穴あきしりとり 解答

上から下編—5

ヤクミ → ミカタ → タニシ → シゴト → トクイ → イナカ → カガミ

ヨミセ → セカイ → イタコ → コンビ → ビーチ → チノウ → ウカイ

ココア → アイス → スルメ → メンコ → コオリ → リズム → ムード

上から下編—6

マスイ → イクサ → サウナ → ナメコ → コウヤ → ヤクザ → ザンゲ

ミイラ → ランマ → マツゲ → ゲイコ → コヤシ → シカイ → イカリ

クマデ → デンワ → ワイロ → ロシア → アケビ → ビール → ルビー

上から下編—7

マイク → クルマ → マンガ → ガンコ → コヨミ → ミツバ → バイク

ヤタイ → イカダ → ダイア → アズキ → キセツ → ツマミ → ミンカ

ハサミ → ミズナ → ナゴヤ → ヤスリ → リンス → ススキ → キセキ

上から下編—8

テジナ → ナマコ → コート → トマト → トドメ → メイジ → ジカン

ソース → スダレ → レタス → スズキ → キボウ → ウズラ → ラクゴ

ネグセ → セロリ → リソウ → ウルシ → シップ → プール → ルーズ

答えはここに掲載するものだけとは限りません。

上級編―1

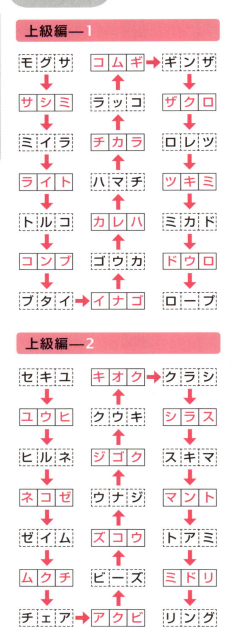

上級編―2

3 意味のある 言葉 を探しましょう

ランダムに並んだ文字から、
意味のある言葉を探す問題です。
魚、虫、花、国名など、書いてある分野の言葉を
探してください。

言葉探し

言葉探し—1 魚編

各方向からタテ・ヨコ・ナナメに並んでいる「魚」を探してください。
※3文字以上です。

ト	ズ	ピ	ク	オ	ド	イ
ロ	エ	ハ	ツ	ー	モ	ア
グ	ゴ	カ	シ	ノ	ン	ボ
マ	ユ	ナ	チ	コ	ザ	ト
ヨ	ル	セ	ウ	ヤ	ヒ	ヌ
ツ	サ	ン	マ	リ	ラ	マ
ハ	レ	ニ	ロ	ト	メ	ミ

1		4	
2		5	
3			

言葉探し

各方向からタテ・ヨコ・ナナメに並んでいる「国」を探してください。
※3文字以上です。

言葉探し―2　国編

ラ	ド	ノ	ユ	ウ	フ	シ
マ	ン	ア	カ	キ	ラ	コ
グ	イ	ピ	メ	エ	ン	チ
ス	サ	ヨ	ー	リ	ス	デ
リ	ペ	ト	ノ	ダ	カ	フ
オ	ブ	イ	イ	ギ	リ	ス
ー	オ	マ	ン	ナ	ツ	コ

1		4	
2		5	
3			

107

言葉探し

言葉探し—3 虫編

各方向からタテ・ヨコ・ナナメに並んでいる「**虫**」を探してください。
※3文字以上です。

オ	ヤ	ギ	ロ	オ	コ	カ
ハ	カ	ブ	ト	ム	シ	ナ
リ	シ	ム	ウ	ト	ン	テ
ダ	プ	ー	ネ	リ	ナ	コ
ト	ツ	ギ	オ	キ	ポ	マ
ヘ	ン	サ	コ	マ	ミ	ワ
ナ	ノ	ボ	ホ	カ	チ	タ

1	
2	
3	

4	
5	

言葉探し

言葉探し—4　鳥編

各方向からタテ・ヨコ・ナナメに並んでいる「鳥」を探してください。
※3文字以上です。

ハ	カ	シ	セ	ト	ル	メ
ス	ミ	ラ	カ	ウ	ヤ	ズ
ツ	イ	マ	ス	ナ	ツ	ス
チ	エ	グ	ピ	ー	バ	タ
オ	メ	カ	ウ	ゴ	メ	ユ
ー	フ	ク	ロ	ウ	ミ	ア
コ	ズ	シ	ヒ	オ	バ	パ

1	
2	
3	

4	
5	

言葉探し

言葉探し—5　果物編

各方向からタテ・ヨコ・ナナメに並んでいる「果物」を探してください。
※3文字以上です。

ン	ホ	ヤ	オ	シ	ー	ユ	コ	バ	マ
エ	カ	ク	ヂ	チ	イ	パ	ナ	ツ	ネ
ザ	ー	ミ	ア	モ	ス	ナ	ク	キ	サ
ク	イ	ト	ウ	ボ	ー	チ	ン	モ	レ
ロ	チ	ク	ン	ム	オ	ブ	セ	ニ	リ
ソ	ゴ	ラ	ナ	ネ	ド	ラ	メ	ッ	ー
マ	ク	リ	テ	ウ	ラ	ツ	ロ	ド	ヂ
サ	ー	ノ	ル	キ	オ	ワ	ン	ン	ユ
ダ	パ	イ	ナ	ッ	プ	ル	ト	ー	カ

1		6	
2		7	
3		8	
4		9	
5		10	

言葉探し

言葉探し—6 花編

各方向からタテ・ヨコ・ナナメに並んでいる**「花」**を探してください。
※3文字以上です。

ク	ド	イ	ソ	リ	ワ	マ	ヒ	イ	ヤ
ハ	マ	サ	モ	エ	コ	パ	ン	ジ	ー
エ	レ	ジ	ラ	プ	タ	ト	ハ	ア	ム
ウ	ン	ア	ズ	カ	ッ	ミ	ゼ	サ	シ
ト	ゲ	ノ	ン	リ	ジ	リ	マ	ガ	ッ
マ	シ	ザ	フ	サ	コ	ピ	ー	オ	タ
ー	サ	チ	カ	カ	ク	ポ	ラ	ュ	リ
エ	レ	コ	ス	モ	ス	ラ	ル	ロ	チ
ド	マ	ー	ダ	ペ	ポ	ポ	ン	タ	カ

1		6	
2		7	
3		8	
4		9	
5		10	

言葉探し

言葉探し―7 動物編

各方向からタテ・ヨコ・ナナメに並んでいる**「動物」**を探してください。
※3文字以上です。

ナ	カ	エ	イ	ヨ	ネ	ツ	キ	シ	カ
ウ	サ	ギ	ロ	ポ	チ	カ	コ	ン	ー
ダ	パ	キ	リ	ン	リ	ク	ガ	ス	シ
ソ	ー	ナ	ジ	ネ	ッ	ル	ハ	フ	ン
ヒ	ジ	ホ	ツ	ユ	ー	メ	ク	マ	オ
モ	ン	ヤ	ヒ	ノ	ヨ	コ	ピ	ギ	イ
ッ	パ	タ	リ	ネ	ラ	ク	ダ	ミ	ラ
セ	ン	モ	ヌ	ケ	ズ	ゴ	ー	ッ	ヘ
マ	チ	ケ	グ	キ	ゾ	ミ	ジ	ニ	マ

1		6	
2		7	
3		8	
4		9	
5		10	

言葉探し

各方向からタテ・ヨコ・ナナメに並んでいる「野菜」を探してください。
※3文字以上です。

言葉探し—8　野菜編

ヤ	エ	チ	ア	モ	ヤ	シ	ク	モ	リ
シ	ダ	イ	コ	ン	ー	ッ	イ	タ	ト
コ	カ	ス	マ	ノ	ウ	ポ	サ	キ	ハ
ナ	タ	ホ	ミ	キ	ボ	シ	ク	ャ	ガ
レ	パ	セ	ウ	プ	ゴ	ロ	ハ	ベ	ン
ワ	マ	コ	リ	レ	チ	カ	ア	ッ	ジ
ド	ッ	ウ	ー	マ	ン	エ	ノ	ト	ン
ツ	ュ	ミ	ョ	ギ	ポ	ソ	チ	ー	ニ
キ	ダ	ン	コ	ン	レ	ヤ	ウ	ミ	マ

1		6	
2		7	
3		8	
4		9	
5		10	

解答

言葉探し―解答

1 ―魚編

ト	ズ	ピ	ク	オ	ド	イ
ロ	エ	ハ	ツ	ー	モ	ア
グ	ゴ	カ	シ	ノ	ン	ボ
マ	ユ	ナ	チ	ョ	ザ	ト
ヨ	ル	セ	ウ	ヤ	ヒ	ヌ
ツ	サ	ン	マ	リ	ラ	マ
ハ	レ	ニ	ロ	ト	メ	ミ

1	カツオ	4	サンマ
2	マグロ	5	ヒラメ
3	アンコウ		

3 ―虫編

オ	ヤ	ギ	ロ	オ	コ	カ
ハ	カ	ブ	ト	ム	シ	ナ
リ	シ	ム	ウ	ト	ン	テ
ダ	プ	ー	ネ	リ	ナ	コ
ト	ツ	ギ	オ	キ	ポ	マ
ヘ	ン	サ	コ	マ	ミ	ワ
ナ	ノ	ボ	ホ	カ	チ	タ

1	コオロギ	4	トンボ
2	カブトムシ	5	カマキリ
3	テントウムシ		

2 ―国編

ラ	ド	ノ	ユ	ウ	フ	シ
マ	ン	ア	カ	キ	ラ	コ
グ	イ	ピ	メ	エ	ン	チ
ス	サ	ヨ	ー	リ	ス	デ
リ	ペ	ト	ノ	ダ	カ	フ
オ	ブ	イ	イ	ギ	リ	ス
ー	オ	マ	ン	ナ	ツ	コ

1	インド	4	スペイン
2	アメリカ	5	イギリス
3	フランス		

4 ―鳥編

ハ	カ	シ	セ	ト	ル	メ
ス	ミ	ラ	カ	ウ	ヤ	ズ
ツ	イ	マ	ヌ	ナ	ツ	ス
チ	エ	ダ	ピ	ー	バ	タ
オ	メ	カ	ウ	ゴ	メ	ユ
ー	フ	ク	ロ	ウ	ミ	ア
コ	ズ	シ	ヒ	オ	バ	パ

1	カラス	4	ツバメ
2	ウグイス	5	フクロウ
3	スズメ		

言葉探し—**解答**

5 —果物編

ン	ホ	ヤ	オ	シ	ー	ユ	コ	バ	マ
エ	カ	ク	ヂ	チ	イ	パ	ナ	ツ	ネ
ザ	ー	ミ	ア	モ	ス	ナ	ク	キ	サ
ク	イ	ト	ウ	ボ	ー	チ	ン	モ	レ
ロ	チ	ク	ン	ム	オ	ブ	セ	ニ	リ
ソ	ゴ	ラ	ナ	ネ	ド	ラ	メ	ッ	ー
マ	ク	リ	テ	ウ	ラ	ツ	ロ	ド	ヂ
サ	ー	ノ	ル	キ	オ	ワ	ン	ン	ユ
ダ	パ	イ	ナ	ッ	プ	ル	ト	ー	カ

1	ミカン	6	サクランボ
2	イチヂク	7	ブドウ
3	バナナ	8	レモン
4	ザクロ	9	メロン
5	イチゴ	10	パイナップル

7 —動物編

ナ	カ	エ	イ	ヨ	ネ	ツ	キ	シ	カ
ウ	サ	ギ	ロ	ポ	チ	カ	コ	ン	ー
ダ	パ	キ	リ	ン	リ	ク	ガ	ス	シ
ソ	ー	ナ	ジ	ネ	ッ	ル	ハ	フ	ン
ヒ	ジ	ホ	ツ	ユ	ー	メ	ク	マ	オ
モ	ン	ヤ	ヒ	ノ	ヨ	コ	ピ	ギ	イ
ッ	パ	タ	リ	ネ	ラ	ク	ダ	ミ	ラ
セ	ン	モ	ヌ	ケ	ズ	ゴ	ー	ッ	ヘ
マ	チ	ケ	グ	キ	ゾ	ミ	ジ	ニ	マ

1	キツネ	6	ヒツジ
2	ウサギ	7	ライオン
3	キリン	8	ラクダ
4	カンガルー	9	タヌキ
5	チンパンジー	10	ネズミ

6 —花編

ク	ド	イ	ソ	リ	ワ	マ	ヒ	イ	ヤ
ハ	マ	サ	モ	エ	コ	パ	ン	ジ	ー
エ	レ	ジ	ラ	プ	タ	ト	ハ	ア	ム
ウ	ン	ア	ズ	カ	ッ	ミ	ゼ	サ	シ
ト	ゲ	ノ	ン	リ	ジ	リ	マ	ガ	ッ
マ	シ	ザ	フ	サ	コ	ピ	ー	オ	タ
ー	サ	チ	カ	カ	ク	ポ	ラ	ュ	リ
エ	レ	コ	ス	モ	ス	ラ	ル	ロ	チ
ド	マ	ー	ダ	ペ	ポ	ポ	ン	タ	カ

1	ヒマワリ	6	サザンカ
2	アジサイ	7	チューリップ
3	パンジー	8	サクラ
4	レンゲ	9	コスモス
5	アサガオ	10	タンポポ

8 —野菜編

ヤ	エ	チ	ア	モ	ヤ	シ	ク	モ	リ
シ	ダ	イ	コ	ン	ー	ッ	イ	タ	ト
コ	カ	ス	マ	ノ	ウ	ポ	サ	キ	ハ
ナ	タ	ホ	ミ	キ	ボ	シ	ク	ャ	ガ
レ	パ	セ	ウ	プ	コ	ロ	ハ	ベ	ン
ワ	マ	コ	リ	レ	チ	カ	ア	ッ	ジ
ド	ッ	ウ	ー	マ	ン	エ	ノ	ト	ン
ツ	ミ	ョ	ギ	ポ	ン	チ	ー	エ	
キ	ダ	ン	コ	ン	レ	ヤ	ウ	ミ	マ

1	モヤシ	6	キャベツ
2	ダイコン	7	ホウレンソウ
3	レタス	8	キュウリ
4	ゴボウ	9	ニンジン
5	ハクサイ	10	レンコン

4

線対称の絵を描いてみましょう

見本のように、線対称の絵を描いてみましょう。
これまでの言葉関連の問題とは種類が異なるので
急に難しく感じる方もいるかもしれません。
解答をつけていませんので、楽しんでやってみてください。

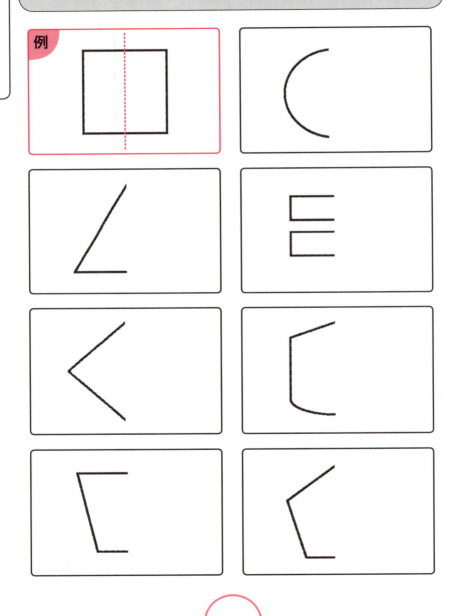

対称画

対称画 ― 2

右半分に同じ絵を対称に書き足してください。

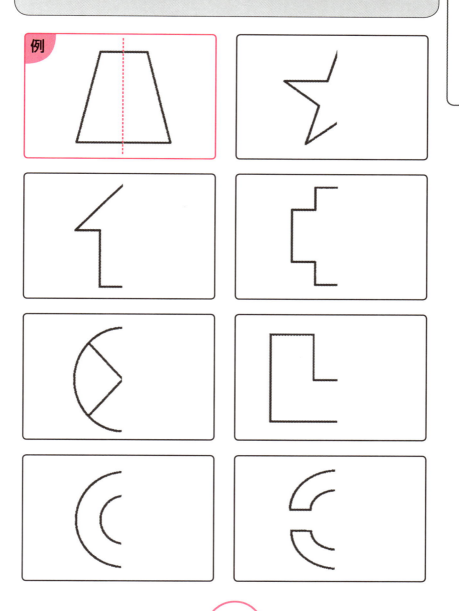

対称画

対称画 —3

右半分に同じ絵を対称に書き足してください。

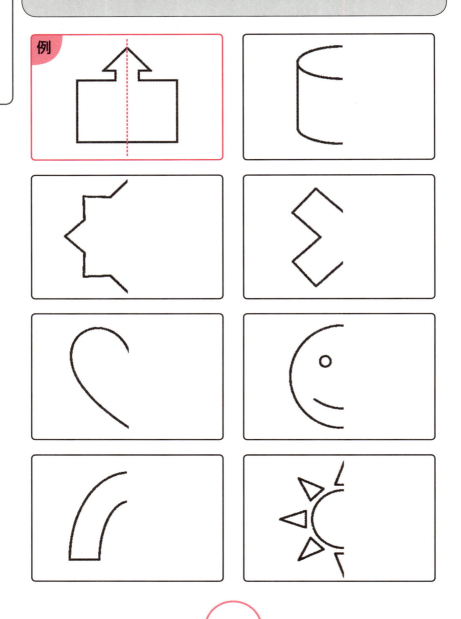

対称画

右半分に同じ絵を対称に書き足してください。

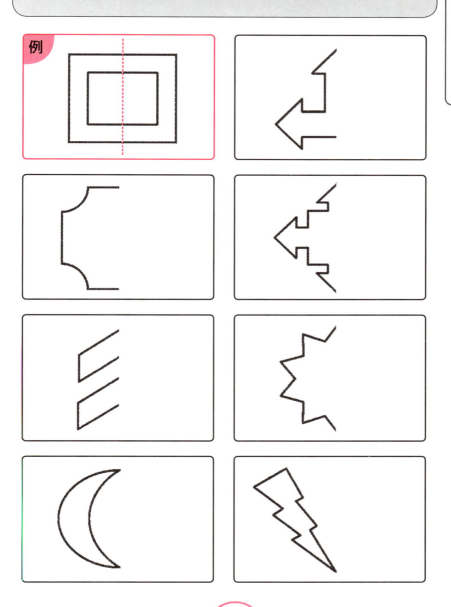

対称画

右半分に同じ絵を対称に書き足してください。

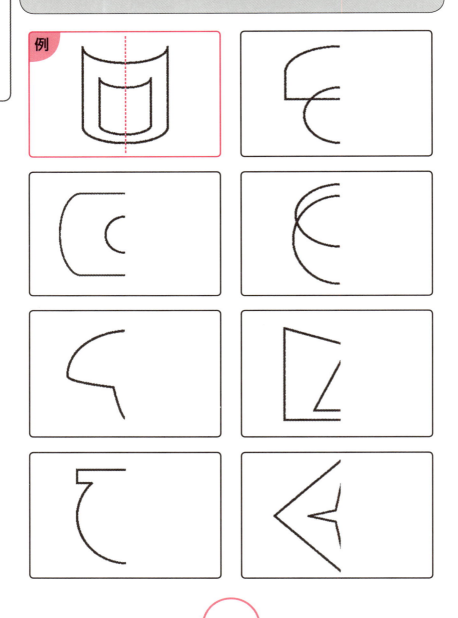

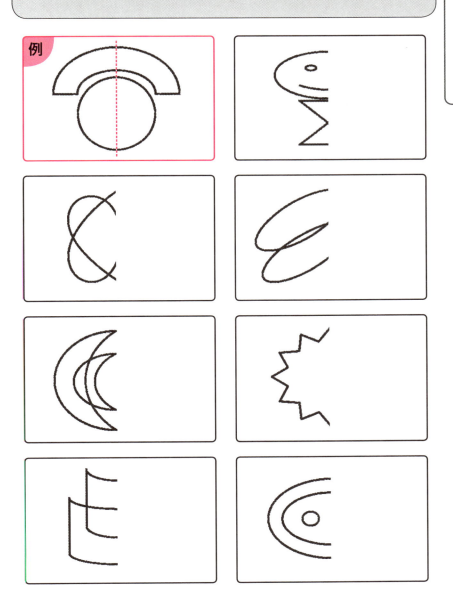

対称画

対称画—7

右半分に同じ絵を対称に書き足してください。

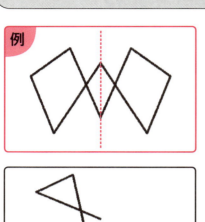
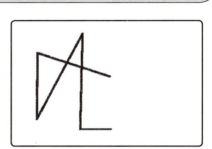
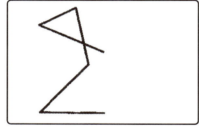
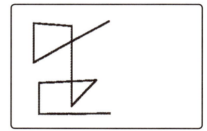
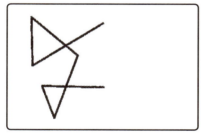
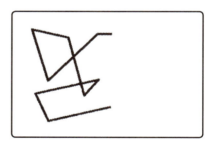
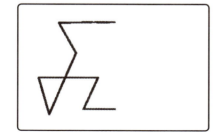
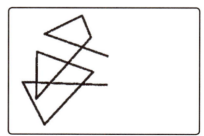

問題を作ってみましょう

個人個人の好みに合わせて問題を出せるよう
問題を作るページをご用意しました。
家族のお名前や、ご趣味の分野の言葉などを使って
おもしろい問題を作ってみてください。

文字並び替え —3文字編

次の文字を並べ替えて、言葉にしてください。

①
②
③
④
⑤
⑥
⑦
⑧
⑨
⑩

文字並び替え —4文字編

次の文字を並べ替えて、言葉にしてください。

① 　　　　　　　　　　　⑥

② 　　　　　　　　　　　⑦

③ 　　　　　　　　　　　⑧

④ 　　　　　　　　　　　⑨

⑤ 　　　　　　　　　　　⑩

文字並び替え —5文字編

次の文字を並べ替えて、言葉にしてください。

① ② ③ ④ ⑤ ⑥ ⑦ ⑧ ⑨ ⑩

文字並び替え —6文字編

> 次の文字を並べ替えて、言葉にしてください。

① ☐☐☐☐☐☐

② ☐☐☐☐☐☐

③ ☐☐☐☐☐☐

④ ☐☐☐☐☐☐

⑤ ☐☐☐☐☐☐

⑥ ☐☐☐☐☐☐

⑦ ☐☐☐☐☐☐

⑧ ☐☐☐☐☐☐

⑨ ☐☐☐☐☐☐

⑩ ☐☐☐☐☐☐

文字並び替え —7文字編

次の文字を並べ替えて、言葉にしてください。

① ② ③ ④ ⑤ ⑥ ⑦ ⑧ ⑨ ⑩

穴あけしりとり —上から下編

空欄に言葉を入れて、しりとりを完成させてください。

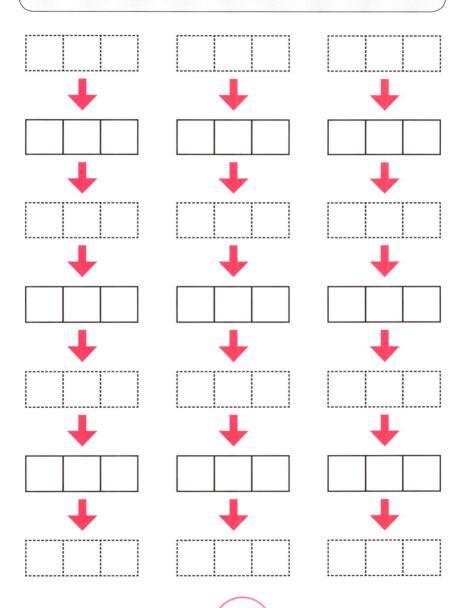

穴あきしりとり —上級編

空欄に言葉を入れて、しりとりを完成させてください。

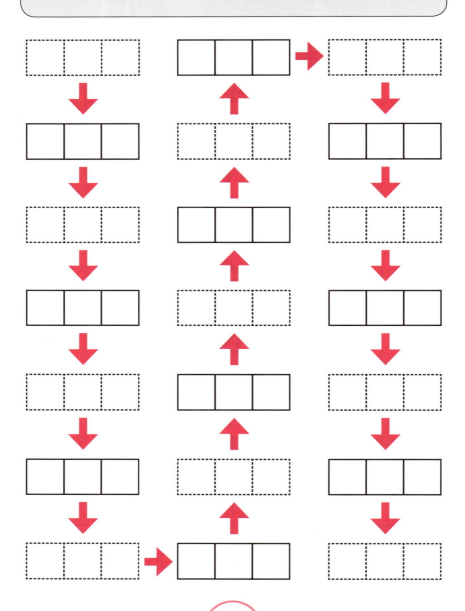

ー1

各方向からタテ・ヨコ・ナナメに並んでいる
「　　　　　」を探してください。
※3文字以上です。

1		4	
2		5	
3			

**言葉探し－2**

各方向からタテ・ヨコ・ナナメに並んでいる
「　　　　　」を探してください。
※3文字以上です。

1		6	
2		7	
3		8	
4		9	
5		10	

【著者紹介】

■デイサービスたまや

愛知県名古屋市守山区にある、民家を活用した親しみのある空間でデイサービスを提供する介護施設。

認知症の進行予防を目的としたプログラムを数多く取り入れ、個人の有する能力に応じた個別ケアを実施している。施設理念である「孤独感ゼロ・足のむくみゼロ・空白の時間ゼロ」を徹底し、デイサービスの利用により住み慣れた自宅での生活が可能な限り継続できるよう支援している。

代表は、介護歴13年の介護福祉士、介護支援専門員（ケアマネージャー）の資格を有する小野寺亨子氏で、本書の問題は小野寺氏はじめ、デイサービスたまやのスタッフ全員で制作している。

〔住所／愛知県名古屋市守山区金屋1丁目16番5号－1／電話052-768-5912〕

◆ 本書執筆スタッフ：小野寺亨子／竹内香菜恵／小松千恵美
　　　　　　　　　　　高橋美和／平松美子／浅川佳史子
◆ イラスト：竹内香菜恵
◆ ブックデザイン＆DTP：小島文代
◆ 協力：おかのきんや／ＮＰＯ法人 企画のたまご屋さん

思わず解きたくなる脳のための毎日テスト

2015年 1 月30日　　初版　第 1 刷発行
2024年12月25日　　初版　第20刷発行

著　者：デイサービスたまや
発行者：石井　悟
印刷所：横山印刷株式会社
製本所：新風製本株式会社
発行所：株式会社自由国民社
　　　　〒171-0033　東京都豊島区高田 3-10-11
　　　　営業部：TEL 03-6233-0781　／　FAX 03-6233-0780
　　　　編集部：TEL 03-6233-0786　／　URL　https://www.jiyu.co.jp/

©2015
・落丁・乱丁はお取り替えいたします。
・本書の全部または一部の無断複製（コピー、スキャン、デジタル化等）・転訳載・引用を、著作権法上での例外を除き、禁じます。ウェブページ、ブログ等の電子メディアにおける無断転載等も同様です。これらの許諾については事前に小社までお問合せ下さい。
・また、本書を代行業者等の第三者に依頼してスキャンやデジタル化することは、たとえ個人や家庭内での利用であっても一切認められませんのでご注意下さい。